Simon

EUROPÄISCHE TÄNZE

ausgewählt und übertragen von

ANNELIESE SCHMOLKE und HERBERT LANGHANS

Heft 5
SCHOTTLAND

MÖSELER VERLAG WOLFENBÜTTEL

Umschlagentwurf: Heinz Schmidt · Zeichnungen: Klaus Wiemann
Stich und Druck: Möseler, Wolfenbüttel
Printed in Germany

Scotland

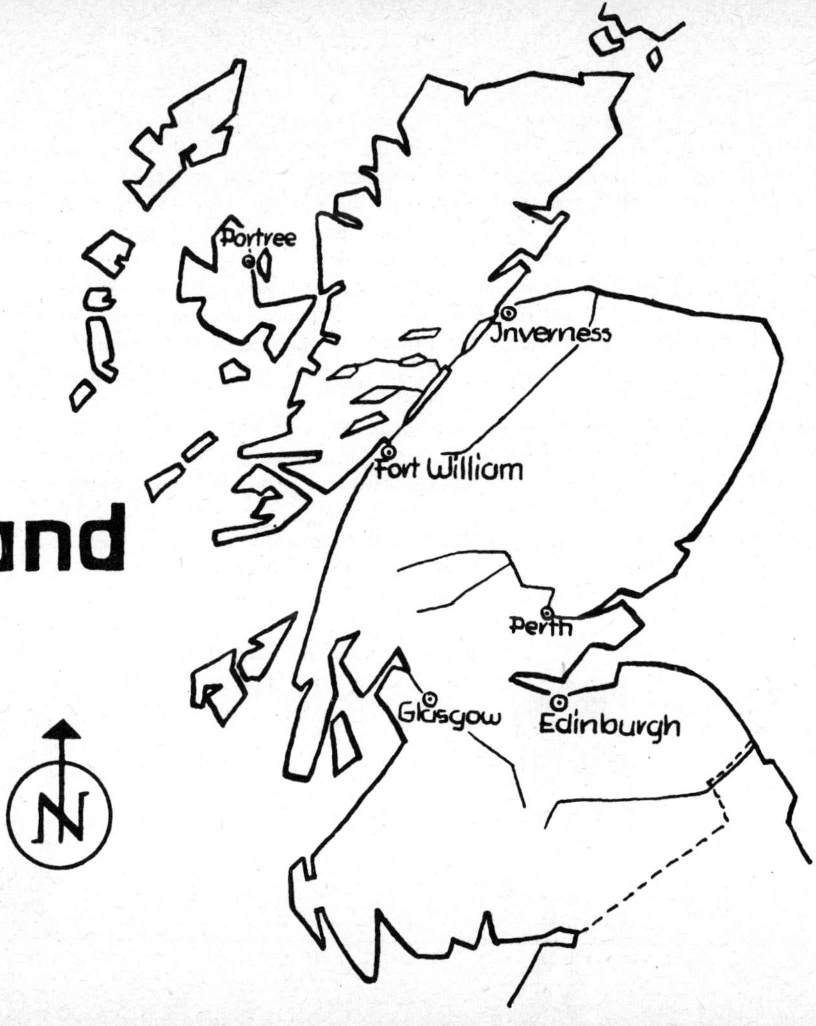

ZUR EINFÜHRUNG

In Schottland gehört der Volkstanz wie in Irland zur allgemeinen Bildung. Die vielfältigen Formen werden überall in der gleichen Art getanzt, sei es in den Fischerhäusern der Inseln, sei es im Ballsaal von Inverness oder in den sommerlichen Gärten von Edinburgh. Und neben den Hunderten von alten Tänzen entstehen immer neue, etwa zu Familienfesten oder zu den großen schottischen Volksfesten, auf denen sich die jungen Leute in den traditionellen Wettbewerben — Sport, Spiel und Tanz — miteinander messen. Neue Tänze entstanden sogar in den Lagern kriegsgefangener Schotten, ein Zeichen dafür, wie stark der Tanz als Bedürfnis empfunden wird.

Wie in Irland kennt man den Figurentanz, von Paaren getanzt, und den älteren Einzeltanz der Männer. Die Figurentänze, meist in Reihen, werden mit federnder Leichtigkeit hoch auf dem Ballen getanzt. Auf Festen wird zwischen den zwei Typen von Figurentänzen abgewechselt: zwischen dem raschen und temperamentvollen Reel und Jig einerseits und dem langsamen Strathspey andererseits, der Gemessenheit mit Anmut verbindet. (Benannt nach der Landschaft am Fluß Spey in Nordschottland).

Die Tanzweisen, heiter-schwebend und mitreißend, sind bis zu einem gewissen Grade austauschbar. Bei ihnen ist die Verwandtschaft von schottischem und irischem Volksgut besonders spürbar. Sie werden im geschlossenen Raum auf der Geige gespielt, oft unterstützt durch Baß, Klavier (Akkordeon) und kleine Trommel. Unter freiem Himmel ist auch heute noch der Dudelsack gebräuchlich.

Da die Tänze nach ihrer Schwierigkeit geordnet sind, empfiehlt es sich, wenigstens die ersten sechs in der angegebenen Reihenfolge zu lernen. Bei verschiedenen Fassungen desselben Tanzes waren die Angaben von „The Royal Scottish Country Dance Society" maßgebend. Den liebenswürdigen Helfern in Schottland sei auch hier herzlich Dank gesagt.

Anneliese Schmolke — Herbert Langhans

Köln, im März 1959

I

II

GRUNDLAGEN

Der schottische Tanz verlangt immer eine aufrechte Haltung, Oberkörper ruhig und locker, nicht starr. Wird keine Handfassung angegeben, so hängen die Arme ruhig herab. Immer wird hoch auf dem Ballen getanzt, mit federnden Fuß- und Kniegelenken, die Füße zeigen etwas nach außen. Ausgangsstellung ist immer die 3. Position (Zeichnung), immer beginnt der r Fuß, jeder Takt ist ein Schritt.

Beginn eines jeden Tanzes:

Während der Einleitung (die Musik spielt entweder einen Akkord oder einige Takte voraus) leichte Verneigung des Tänzers, kleiner Knicks der Tänzerin, dabei stellt sie den r Fuß hinter den l.

Grundschritte

Es gibt im schottischen Tanz vier Schrittarten, zwei im Reel bzw. Jig und zwei im Strathspey, und zwar je einen zur Fortbewegung und einen zum Tanz am Platz.

1. Der Grundschritt zur Fortbewegung im Reel und Jig

r l r r l r l l

ist der „pas de Basque", der unserem Polkaschritt ähnelt.
r l = Schritt r vw, l wird zur 3. Position an die r Ferse gesetzt.
r r = Schritt r vw und r vom Boden abfedern.
Das Knie des Standbeines bei hohem Zehenstand möglichst strecken! Dasselbe l.

2. Zwei Dreischritte am Platz im Reel und Jig

(l) r l r (r) l r l

(l) = l federt vom Boden ab, r Unterschenkel wird schräg vw gestreckt. (s. Zeichnung I)
r = r Fuß setzt unter dem l Fuß auf.
l r = l r auf der Stelle.
(r) = r federt vom Boden ab, l Unterschenkel wird schräg vw gestreckt u.s.f.

3. Der Grundschritt zur Fortbewegung im Strathspey

r l r r l r l l

ähnelt einem sehr langsamen Wechselschritt.
r l = Schritt r vw, r Knie im Zehenstand strecken! l wird zur 3. Position an die r Ferse gesetzt.
r r = Schritt r vw und wenig vom Boden abfedern. l wird ausgerollt dicht am r Fuß nach vorn geführt, jetzt beginnt l ebenso.

4. Zwei Dreischritte am Platz im Strathspey

r l r r l r l l

r = Schritt r sw, dabei wird r gestreckt, l gibt gebeugt nach.
l = l an die r Ferse nachziehen.
r r = Schritt r sw und wenig vom Boden abfedern, l Fuß wird ausgerollt an das r Bein geführt. (s. Zeichnung II)

Kreuzen sich die Wege der Tänzer und Tänzerinnen, so hat die Tänzerin Vortritt.
Wird eine Figur nur vom 1. und 2. Paar getanzt, so können gleichzeitig Paar 3 und 4 miteinander tanzen.
Genaue Ausrichtung der Reihen, genaues Einhalten der Raumwege ist charakteristisch für den schottischen Tanz.

Blume von Edinburgh / The Flower of Edinburgh

Reel

TANZFORM

4 Tänzerinnen stehen 4 Tänzern gegenüber.

1. Durchgang

Auswenden und Folgen

1. Tänzerin wendet r aus, tanzt hinter der Tänzerinnenreihe hinunter, zwischen dem 3. und 4. Paar hinüber zur Tänzerseite und hinter der Tänzerreihe zum Platz des Partners (Zeichnung I).

1. Tänzer beginnt mit der Partnerin, tanzt aber in der Gasse hinauf zum Platz der Partnerin (6 T).

1. Paar tanzt 2 Dreischritte am Platz (2 T).

Der Ablauf wird wiederholt, nur wendet jetzt der Tänzer r aus, die Tänzerin folgt (8 T).

Hinunter — Hinauf

1. Tänzerin legt ihre r Hand in die r des Partners, beide blicken und tanzen 4 Schritte hinunter, der Tänzer „führt" die Tänzerin (Zeichnung II). 1/2 Wendung ohne Lösen der Fassung, beide tanzen 4 Schritte hinauf (8 T).

Poussette

(eine Form des Platzwechsels von 2 Personen in 8 Takten = 8 Schritten)

Takt 1	1. Paar, beide Hände gefaßt, zum Platz des 1. Tänzers, 2. Paar, beide Hände gefaßt, zum Platz der 2. Tänzerin.
Takt 2	1. und 2. Paar 1/4 Drehung r auf der Stelle.
Takt 3	1. Paar zum Platz des 2. Tänzers, 2. Paar zum Platz der 1. Tänzerin.
Takt 4	1. und 2. Paar 1/4 Drehung r auf der Stelle.
Takt 5	1. und 2. Paar zur Mitte der Gasse.
Takt 6	1. und 2. Paar 1/2 Drehung auf der Stelle.
Takt 7—8	Lösen der Fassung, alle rw auf die Plätze.

2. Durchgang

1. Paar tanzt vom 2. Platz aus, endet im 3. Platz.

3. Durchgang

2. Paar tanzt vom 1. Platz aus, zu Beginn wechseln 1. und 4. Paar in 4 Schritten die Plätze, 1. Paar kreuzt hinter dem 4. Paar.

U. s. w.

I

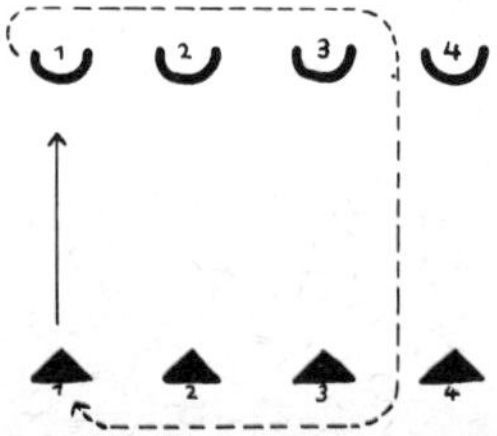

II

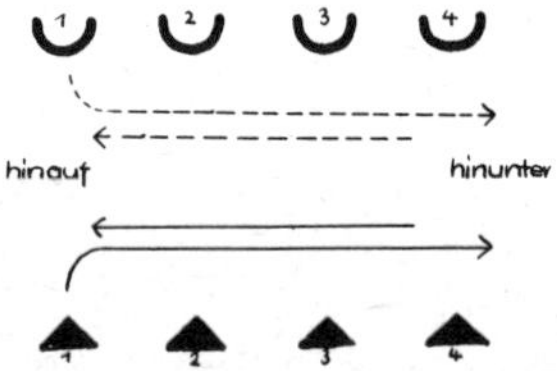

Die Draufgänger von Glasgow / Rakes of Glasgow

Strathspey

TANZFORM

4 Tänzerinnen stehen 4 Tänzern gegenüber.

1. Durchgang

Kette

1. und 2. Paar tanzen Kette bis zum eigenen Platz. Zu Beginn reichen sich die Partner die r Hände (8 T).

Hinunter — Hinauf

1. Tänzer führt 1. Tänzerin in der Gasse hinunter und hinauf (8 T).

Allemande

(eine Form des Platzwechsels von 2 Paaren in 8 Takten ⇒ 8 Schritten)

Takt 1 — 1. Paar mit Schulterfassung (siehe Zeichnung) zum Platz der 1. Tänzerin, 2. Paar aufeinander zu, Schulterfassung.
Takt 2 — 1. Paar hinüber zum Platz des 1. Tänzers, 2. Paar zum Platz der 1. Tänzerin.
Takt 3 — 1. und 2. Paar ¹/₄ Wendung auf der Stelle.
Takt 4 — 1. Paar zum Platz des 2. Tänzers, 2. Paar hinüber zum Platz des 1. Tänzers.
Takt 5 — 1. und 2. Paar ¹/₄ Wendung auf der Stelle.
Takt 6 — 1. und 2. Paar in die Mitte der Gasse, Lösen der Fassung.
Takt 7—8 — Alle rw auseinander auf die neuen Plätze.

Kreis

2., 1. und 3. Paar fassen zum großen Kreis und tanzen nach ↶ (4 T) und nach ↷ (4 T).

2. Durchgang

1. Paar tanzt vom 2. Platz aus, mit den letzten Schritten des Kreises wechseln 1. und 4. Paar die Plätze.

3. Durchgang

2. Paar tanzt vom 1. Platz aus.

U. s. w.

Strick den Handschuh / Knit the Pocky

Reel

TANZFORM

4 Tänzerinnen stehen 4 Tänzern gegenüber.

1. Durchgang

Vor und Zurück, Paarkreis

1. Tänzerin und 2. Tänzer tanzen aufeinander zu und wieder zurück (4 T).
Sie tanzen, beide Hände gefaßt, Paarkreis ⌣ und zurück auf die Plätze (4 T).
Dann 1. Tänzer und 2. Tänzerin ebenso (8 T).

Hinunter — Hinauf, Platzwechsel

1. Tänzer führt 1. Tänzerin in der Gasse hinunter, 2. Paar folgt dem 1. Paar (4 T).
Hinauf führt 2. Paar bis zum 1. Platz, 1. Paar zum 2. Platz (4 T) (s. Zeichnung).

Kette

1. und 2. Paar tanzen Kette, zu Beginn reichen sich die Partner die r Hände (8 T), jeder tanzt auf jeder Seite des Vierecks 2 Schritte.

2. Durchgang

1. Paar tanzt vom 2. Platz aus.

3. Durchgang

1. Paar tanzt vom 3. Platz aus.

4. Durchgang

2. Paar tanzt vom 1. Platz aus.

U. s. w.

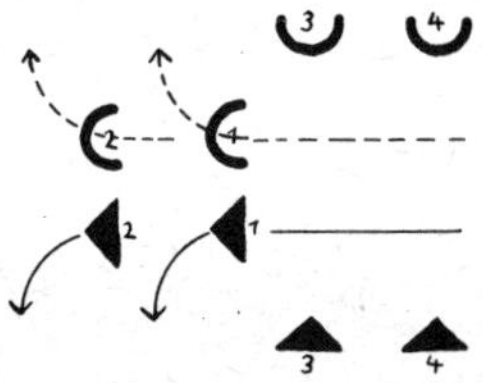

Sie ist zu jung zum Heiraten / She's ower young to marry yet

Strathspey

TANZFORM

4 Tänzerinnen stehen 4 Tänzern gegenüber.

1. Durchgang
Begrüßung und Dreierkreis

1. Paar, die „inneren" Hände gefaßt, wendet sich zur 2. Tänzerin, alle drei tanzen 4 Dreischritte am Platz (4 T). Sie fassen zum Dreierkreis und tanzen nach ↶ (4 T).

Begrüßung und Viererkreis

1. Paar und 2. Tänzerin, die „inneren" Hände gefaßt, wenden sich zum 2. Tänzer, alle drei tanzen 4 Dreischritte am Platz (Zeichnung I), fassen zum Viererkreis und tanzen nach ↶ (8 T).

Hinunter und Seitenwechsel

1. Tänzer führt 1. Tänzerin in der Gasse hinunter, 2. und 3. Paar folgen dem 1. Paar. In Höhe des 3. Platzes kreuzen alle Tänzerinnen nach r, alle Tänzer nach l auf die Gegenseiten und tanzen hinauf zu den Gegenplätzen (8 T) (s. Zeichnung II).

Platzwechsel und Seitenwechsel

1., 2. und 3. Paar tanzen 2 Dreischritte am Platz (2 T).
1. Paar wendet aus zum 2. Platz, 2. Paar tanzt zum 1. Platz, 3. Paar tanzt 2 Dreischritte am Platz (2 T).
1., 2. und 3. Paar tanzen, beide Hände gefaßt, $1^1/_2$ Paarkreise ↶ , alle enden auf den „eigenen" Seiten (4 T).

2. Durchgang

1. Paar tanzt vom 2. Platz aus.

3. Durchgang

2. Paar tanzt vom 1. Platz aus, zu Beginn wechseln 1. und 4. Paar die Plätze.

U. s. w.

I

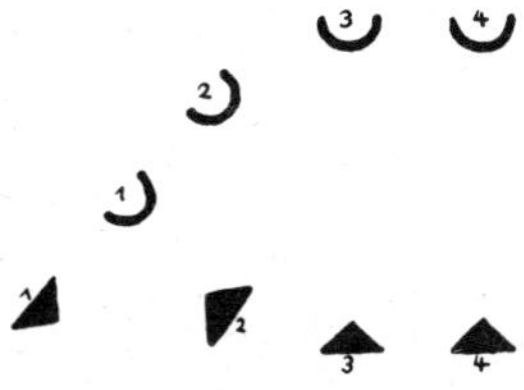

II

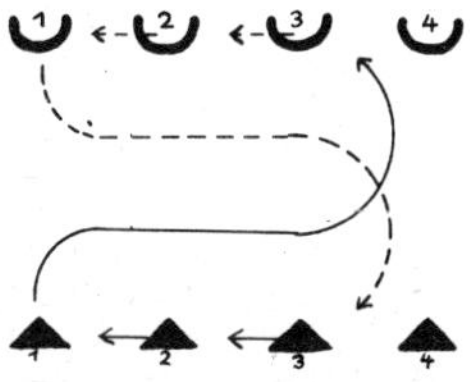

Achthand-Reel / Eightsome Reel

Reel

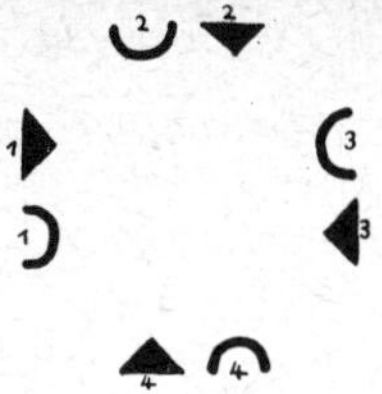

I

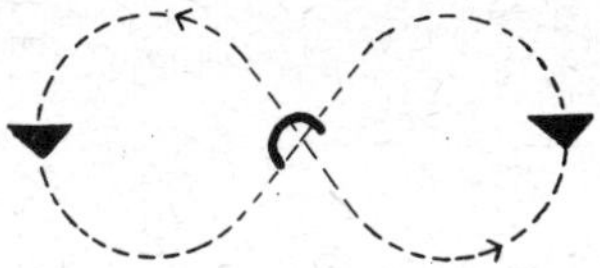

II

TANZFORM

4 Paare stehen im Viereck (s. Zeichnung I).

Teil A

Großer Kreis

Alle fassen zum großen Kreis und tanzen 8 flache Galopphüpfer nach ↶ und nach ↷ (8 T).

Handkreuz

Die Tänzerinnen fassen, ohne die Partnerfassung zu lösen, zum Handkreuz r, alle tanzen nach ↶ (4 T); Richtungswechsel, die Tänzer fassen ebenso Handkreuz l, alle tanzen nach ↷ (4 T).

Grüßen und Paarkreis

Alle wenden sich zum Partner, 2 Dreischritte am Platz, Paarkreis, beide Hände gefaßt (8 T).

Kette

Kette bis zu den Ausgangsplätzen, zu Beginn reichen sich die Partner die r Hände (16 T).

Teil B 1

Allein im Kreise

1. Tänzerin tanzt in die Mitte des Kreises und dort allein nach Belieben. Die andern wie oben „Großer Kreis" (8 T).

Grüßen und Paarkreis

1. Tänzerin und 1. Tänzer 2 Dreischritte am Platz, Paarkreis, beide Hände gefaßt (4 T). Ebenso 1. Tänzerin und 3. Tänzer (4 T).

Die „Acht"

1. Tänzerin, 1. und 3. Tänzer tanzen die „Acht"; zu Beginn tanzen 1. Tänzerin und 1. Tänzer l-schultrig aneinander vorbei (8 T).

Die „Acht" wird immer von 3 Personen getanzt, jede tanzt in 8 Schritten eine möglichst vollkommene Acht bis zum Ausgangsplatz, und zwar führt die Acht durch die Plätze der beiden andern Tänzer (s. Zeichnung II). In den betr. Tänzen wird angegeben, in welcher Richtung begonnen wird.

Teil B 2

Wie oben Teil B 1, nur tanzt jetzt 1. Tänzerin mit 4. und 2. Tänzer. Zu Beginn der „Acht" tanzen 1. Tänzerin und 4. Tänzer l-schultrig aneinander vorbei.

Nun tanzt die 2. Tänzerin in den Kreis, die 1. Tänzerin kehrt auf ihren Platz zurück.

Teil B 1 und B 2

Wie oben; jede Tänzerin tanzt zuerst mit dem Partner.

Es folgen im Kreise die 3. und 4. Tänzerin, danach ebenso die Tänzer.

Teil A

Wie oben.

Die Birken von Invermay / The Birks of Invermay

Strathspey

TANZFORM

4 Tänzerinnen stehen 4 Tänzern gegenüber.

1. Durchgang

Paarkreis

1. Tänzer und 2. Tänzerin tanzen, beide Hände gefaßt, Paarkreis ⌣ und zurück auf die Plätze (4 T). Dann ebenso 1. Tänzerin und 2. Tänzer (4 T).

Promenade

1., 2. und 3. Paar — die Partner mit Kreuzfassung vorn — tanzen Promenade zu den Ausgangsplätzen (s. Zeichnung I).

Schmetterling

1. Tänzer und 1. Tänzerin kreuzen zur Gegenseite — flüchtige Fassung r —, wenden dort aus, tanzen um Platz 2 herum; 1. Tänzer führt die Partnerin hinauf, beide kreuzen zur „eigenen" Seite und wenden aus zum 2. Platz (8 T) (s. Zeichnung II). 2. Paar rückt in den letzten 2 Takten mit 4 Schritten sw auf den 1. Platz hinauf: 1. Schritt sw, 2. Schritt vorn überkreuzen, 3. Schritt sw, 4. Schritt anstellen.

Drei-Paar-Kreis

1., 2. und 3. Paar fassen zum großen Kreis und tanzen nach ⌣ (4 T) und nach ⌣ (4 T).

2. Durchgang

1. Paar tanzt vom 2. Platz aus, mit den letzten Schritten des Kreises wechseln 1. und 4. Paar die Plätze.

3. Durchgang

2. Paar tanzt vom 1. Platz aus.

U. s. w.

I

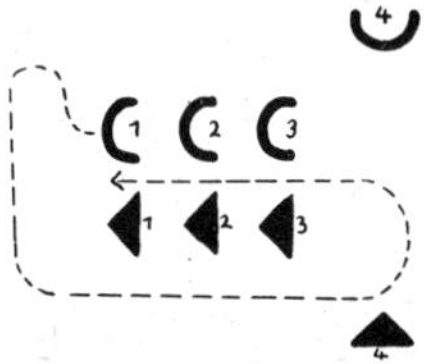

II

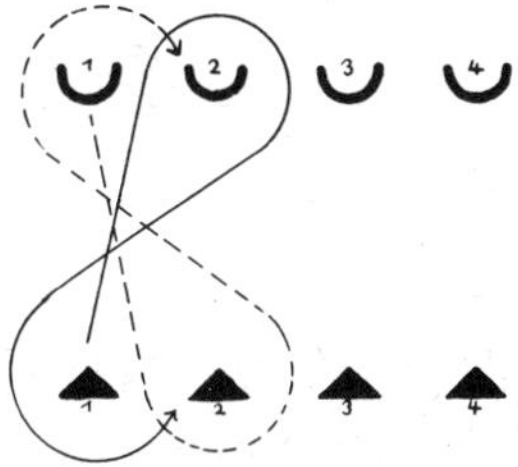

Lord Rosslyns Freude / Lord Rosslyn's Fancy

Jig

TANZFORM

4 Tänzerinnen stehen 4 Tänzern gegenüber.

1. Durchgang
Grüßen und Handkreuz
    1. und 2. Paar tanzen 2 Dreischritte am Platz, dann Handkreuz r 2 Plätze weiter nach ⌣ (4 T).
    Wieder 2 Dreischritte am Platz und Handkreuz l zurück zu den Ausgangsplätzen (4 T).
Platzwechsel
    1., 2. und 3. Paar: 2 Dreischritte am Platz, dann r-schultrig am Partner vorbei zur Gegenseite.
    Der Ablauf wird wiederholt (8 T).
Poussette
    1. und 2. Paar tanzen Poussette (siehe Seite 7), jedoch enden 1. Tänzer und 1. Tänzerin in der Mitte der Gasse, Rücken an Rücken (8 T) (s. Zeichnung).
Doppelter Triangel
    1., 2. und 3. Tänzerin reichen sich die Hände, ebenso 1., 2. und 3. Tänzer (s. Zeichnung).
    2. und3. Paar tanzen 8 Dreischritte am Platz.
    1. Paar: 2 Dreischritte am Platz, Lösen der Fassung; mit 2 Grundschritten 1/2 Kreis ⌣ auf den Platz des Partners, Handfassung mit den neuen Gegentänzern, 2 Dreischritte am Platz, Lösen der Fassung, mit 2 Grundschritten 1/2 Kreis ⌣ und rw auseinander auf den 2. Platz (8 T).

2. Durchgang
    1. Paar tanzt vom 2. Platz aus.

3. Durchgang
    2. Paar tanzt vom 1. Platz aus, zu Beginn wechseln 1. und 4. Paar die Plätze.
U. s. w.

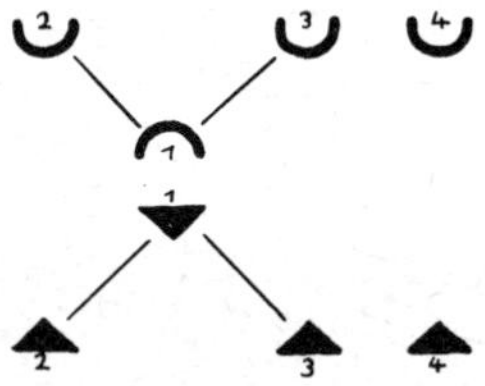

Monymusk

Strathspey

TANZFORM

4 Tänzerinnen stehen 4 Tänzern gegenüber.

1. Durchgang
Handtouren

1. Paar Handtour r und Auswenden zum 2. Platz, 2. Paar rückt im 3. und 4. Takt hinauf (4 T).
1. Paar Handtour l - $1^1/_4$ Kreis — bis zur Stellung wie in Zeichnung I (4 T) — 2. und 3. Paar drehen erst beim nächsten Takt in diese Stellung.

Grüßen in Dreierreihen

Die beiden Dreierreihen tanzen 4 Dreischritte am Platz, mit den letzten 2 Schritten tanzt das 1. Paar zur Stellung wie in Zeichnung II — 2. und 3. Paar drehen erst beim nächsten Takt in diese Stellung.

Großer Kreis

1., 2. und 3. Paar tanzen mit Handfassung im Kreis nach ↶ (4 T) und nach ↶ (4 T).

Die „Acht"

1. Tänzer tanzt mit 2. und 3. Tänzerin die „Acht", 1. Tänzerin mit 2. und 3. Tänzer.
Zu Beginn tanzen 1. Tänzer und 2. Tänzerin r-schultrig aneinander vorbei, ebenso 1. Tänzerin und 3. Tänzer. Mit dem 7. und 8. Schritt kreuzt das 1. Paar zur „eigenen" Seite auf den 2. Platz (8 T).

2. Durchgang

1. Paar tanzt vom 2. Platz aus.

3. Durchgang

2. Paar tanzt vom 1. Platz aus, zu Beginn wechseln 1. und 4. Paar die Plätze.

I

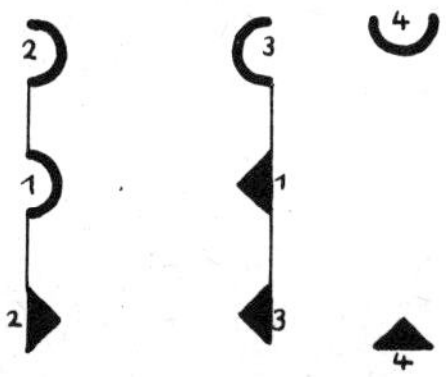

II

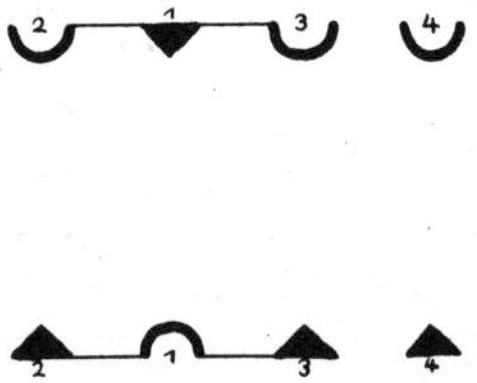

Der freundliche Schäfer / The Gentle Shepherd

Jig

TANZFORM

4 Tänzerinnen stehen 4 Tänzern gegenüber.

1. Durchgang

Mit fremdem Partner

1. Tänzer führt die Partnerin in der Gasse hinunter, beide kreuzen (s. Zeichnung I) und tanzen mit dem 3. Paar 2 Dreischritte am Platz (4 T).

1. Tänzer führt die 3. Tänzerin im Bogen zum oberen Ende der Gasse, 3. Tänzer die 1. Tänzerin zum unteren (4 T) (s. Zeichnung II).

Begegnung, Austausch, Handtour

Beide Paare tanzen in der Gasse 2 Schritte aufeinander zu, die Tänzer tauschen die Partnerinnen und tanzen mit der eigenen auf die Ausgangsplätze (4 T).

1., 2. und 3. Paar Handtour I (4 T).

Promenade

1., 2. und 3. Paar Promenade (s. Seite 17) zu den Ausgangsplätzen (8 T).

Auswenden ans Ende der Reihe

1. Paar wendet aus, tanzt hinter dem 3. Paar wieder in die Gasse, 1. Tänzer führt die Partnerin hinauf; ohne Unterbrechung wieder auswenden zum 4. Platz. Im 7. und 8. Takt rücken die anderen Paare einen Platz hinauf mit 4 Schritten.

2. Durchgang

2. Paar tanzt vom 1. Platz aus.

U. s. w.

I

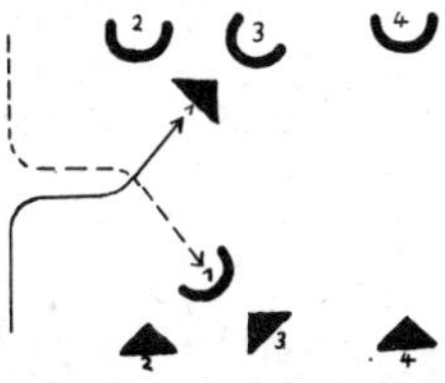

II

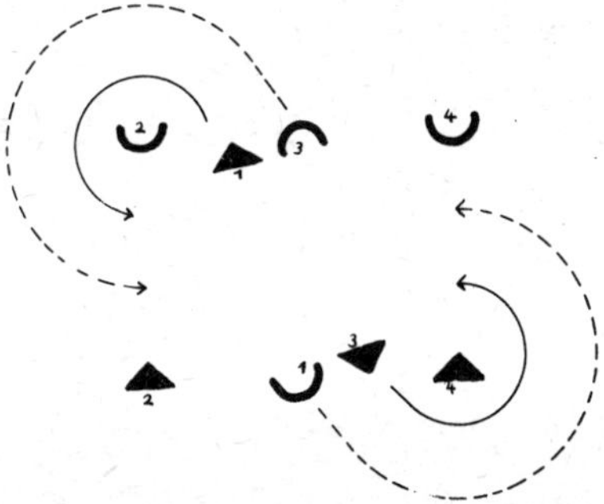

Der Liebesknoten / The Lovers' Knot

Strathspey

TANZFORM

4 Tänzerinnen stehen 4 Tänzern gegenüber.

1. Durchgang

Die Schleife

1. Paar tanzt eine Schleife um das 2. Paar zu den Ausgansplätzen (8 T) (s. Zeichnung I).

Der Knoten

1. Paar tanzt 4 Dreischritte am Platz und 2 Handtouren r (8 T).

Zu den Ecken

1. Tänzer führt die Partnerin in der Gasse hinunter und hinauf bis zur Stellung wie in Zeichnung II (8 T).

Tanz mit den Ecken

1. Tänzer und 3. Tänzerin 2 Dreischritte am Platz, Handtour r; ebenso 1. Tänzerin und 2. Tänzer (4 T). Dann ebenso 1. Tänzer und 2. Tänzerin, 1. Tänzerin und 3. Tänzer.

Die „Acht"

1. Paar tanzt mit den „Ecken" die „Acht" (s. Seite 21).

2. Durchgang

1. Paar tanzt vom 2. Platz aus.

3. Durchgang

2. Paar tanzt vom 1. Platz aus, zu Beginn wechseln 1. und 4. Paar die Plätze.

I

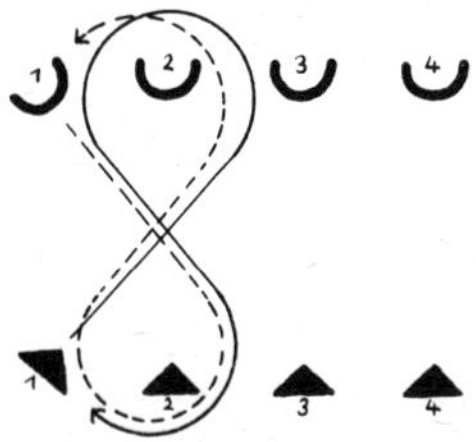

II

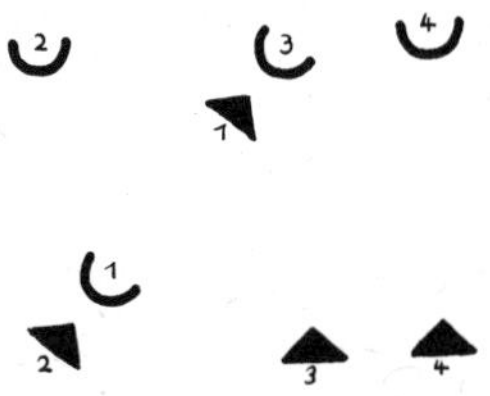

Die wilden Montgomeries / The Montgomeries' Rant

Reel

TANZFORM

4 Tänzerinnen stehen 4 Tänzern gegenüber.

1. Durchgang

Kreuzen und Auswenden

1. Paar kreuzt r-schultrig zur Gegenseite und wendet zum 2. Platz aus, 2. Paar rückt im 3. und 4. Takt hinauf (4 T).
1. Paar kreuzt r-schultrig zur „eigenen“ Seite, 1. Tänzerin hinter der 2. Tänzerin, 1. Tänzer hinter dem 3. Tänzer in die Mitte der Gasse (8 T) (s. Zeichnung I).

Die „Acht“

1. Tänzerin tanzt die „Acht“ mit dem 2. Paar, 1. Tänzer mit dem 3. Paar (8 T) (Beginn s. Zeichnung I).

Grüßen

1. Paar trifft sich in der Mitte der Gasse (s. Zeichnung II), faßt die „inneren“ Hände und tanzt mit 2. Tänzerin 2 Dreischritte am Platz; 1/2 Drehung, Handwechsel, 2 Dreischritte am Platz mit 3. Tänzer; ohne Handwechsel, ebenso mit 3. Tänzerin; 1/2 Drehung, Handwechsel, ebenso mit 2. Tänzer (8 T).

Die „Acht“

1. Tänzer tanzt die „Acht“ mit 2. und 3. Tänzerin, 1. Tänzerin mit 2. und 3. Tänzer
Zu Beginn tanzen 1. Tänzer und 2. Tänzerin r-schultrig aneinander vorbei, ebenso 1. Tänzerin und 3. Tänzer. Mit dem 7. und 8. Schritt kreuzt das 1. Paar zur „eigenen“ Seite auf den 2. Platz (8 T).

2. Durchgang

1. Paar tanzt vom 2. Platz aus.

3. Durchgang

2. Paar tanzt vom 1. Platz aus, zu Beginn wechseln 1. und 4. Paar die Plätze.

I

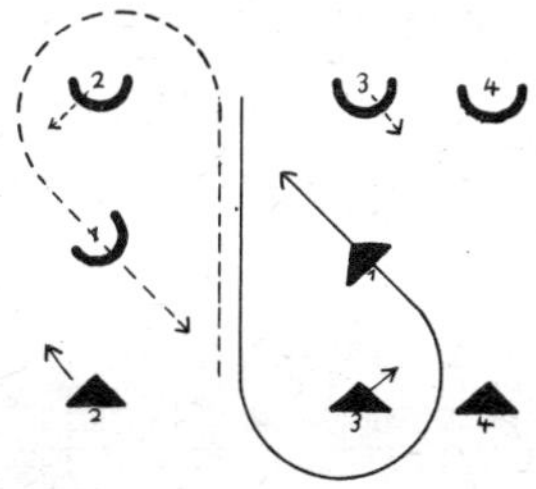

II

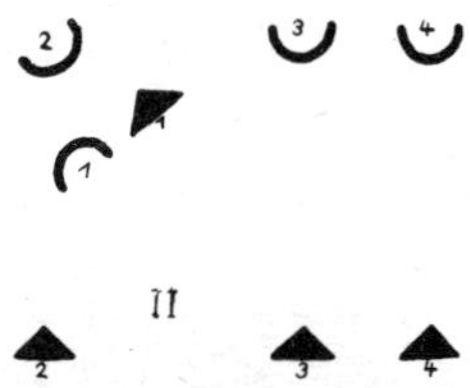

Du bist immer willkommen / Ye 'll aye be welcome back again

Strathspey

TANZFORM

4 Tänzerinnen stehen 4 Tänzern gegenüber.

1. Durchgang

Handtouren

1. und 2. Paar tanzen 4 Dreischritte am Platz (4 T).

1. Tänzer Handtour r mit 2. Tänzerin, 1. Tänzer ebenso mit 2. Tänzer (s. Zeichnung I), alle zu den Ausgangsplätzen (4 T).

Getrennt zu den Ecken

1. Tänzer wendet aus, tanzt hinter der Tänzerreihe hinunter, hinter dem 3. Tänzer in die Gasse und hinauf zum Ausgangsplatz; ebenso 1. Tänzerin, doch in der Gasse hinunter und hinter der Tänzerinnenreihe hinauf (4 T).

1. Paar kreuzt zur Gegenseite, wendet aus zum 2. Platz und tanzt weiter zur Stellung wie in Zeichnung II. 2. Paar rückt im 3. und 4. Takt hinauf (4 T).

Handtouren mit den Ecken

1. Tänzer und 3. Tänzerin Handtour r, ebenso 1. Tänzerin und 2. Tänzer (2 T). 1. Paar Handtour l (2 T).

1. Tänzer und 2. Tänzerin Handtour r, ebenso 1. Tänzerin und 3. Tänzer (2 T). 1. Paar Handtour l (2 T).

Die „Acht"

1. Paar tanzt mit den „Ecken" die „Acht" (s. Seite 21).

2. Durchgang

1. Paar tanzt vom 2. Platz aus.

3. Durchgang

2. Paar tanzt vom 1. Platz aus, zu Beginn wechseln 1. und 4. Paar die Plätze.

I

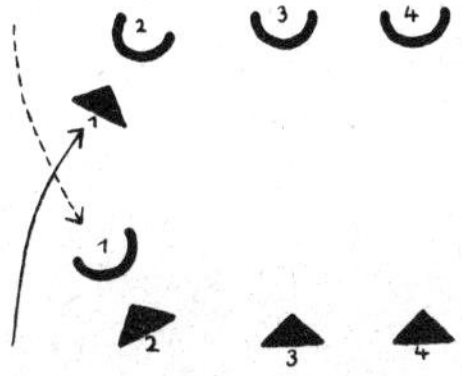

II

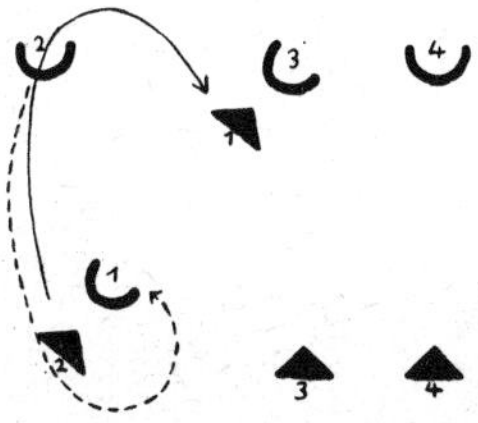

VERZEICHNIS DER TÄNZE

ABKÜRZUNGEN

⌣→	Tanzrichtung (gegen Uhrzeigerrichtung)
←⌣	Gegentanzrichtung
r	rechts
l	links
vw	vorwärts
rw	rückwärts
sw	seitwärts
lsw	links seitwärts
rsw	rechts seitwärts

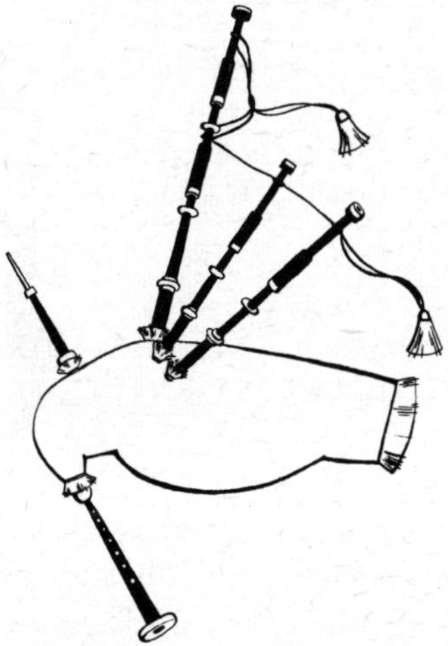